CAMILLE

POLONCEAU

1859

CAMILLE

POLONCEAU

Les ingénieurs, dans notre siècle industriel, jouent un rôle important. On les trouve aujourd'hui dans toutes les grandes compagnies, non-seulement comme directeurs de la partie technique, mais encore comme chefs de la partie administrative.

Parmi ceux qui ont été attachés aux compagnies de chemins de fer, Camille Polonceau, successivement directeur général des chemins de fer d'Alsace, et ingénieur en chef, régisseur de la traction au chemin de fer d'Orléans, Camille Polonceau, qui vient d'être frappé au milieu de sa carrière par une mort prématurée, figure en première ligne. En retraçant les principales phases de sa trop courte existence, je veux en même temps faire mieux connaître aux nombreux employés et ouvriers de la Compagnie du chemin de fer d'Orléans et de l'ancienne Compagnie des chemins de fer d'Alsace l'homme qui est l'objet de leurs regrets unanimes, et apprendre aux jeunes ingénieurs ce que peut, dans leur profession, la capacité réunie au travail et à un noble cœur.

Polonceau a été mon élève, mon ami. Sa perte imprévue a été pour moi très-douloureuse. Lorsque la réalité nous échappe, on cherche quelques consolations dans les souvenirs ; j'espère en trouver dans ceux d'une vie souvent mêlée à la mienne.

Camille Polonceau était le fils de M. Antoine-Remi Polonceau, inspecteur général des ponts et chaussées, l'une des gloires de son corps. Entré, en 1833, à l'École centrale, il s'y montra supérieur comme il le fut toujours plus tard. Ses trois années d'études accomplies, il en sortit *hors ligne*. Il me souvient encore de l'étonnement, j'ai presque dit de l'admiration de ses professeurs, trouvant dans son projet de concours l'œuvre sans défaut non d'un débutant, mais d'un ingénieur expérimenté. Le génie, chez lui, avait suppléé à la pratique.

Polonceau, tout jeune qu'il était, avait compris

l'avenir des chemins de fer. Je venais d'être nommé l'un des ingénieurs en chef du chemin de fer de Versailles (rive gauche). Il me demanda de travailler sous mes ordres. Je fus heureux de trouver un pareil auxiliaire, et je lui accordai d'emblée un traitement supérieur à celui qu'obtiennent généralement les jeunes gens qui ont à peine terminé leurs études. Polonceau justifia ma confiance.

On débutait alors dans l'industrie des voies ferrées; ingénieurs, entrepreneurs, fabricants, tous étaient ignorants, et le maître n'en savait guère plus que l'élève.

M. Payen, mon collègue, et moi, nous nous étions partagé le travail. J'avais à m'occuper plus particulièrement du matériel fixe et roulant, et de certains travaux de terrassements exécutés à l'aide de chemins de fer provisoires.

Polonceau étudia d'abord sous notre direction le tracé et les projets de matériel, puis il conduisit les travaux de la grande tranchée de Clamart.

La difficulté n'était pas seulement de faire, c'était de faire avec peu d'argent, car la Compagnie du chemin de fer de Versailles (rive gauche), écrasée par les exigences de l'administration supérieure, en ce qui concerne le tracé, avait bientôt épuisé la presque totalité de son capital. Polonceau avait un esprit éminemment fertile. Il nous fut de la plus grande utilité. C'est à son initiative que nous dûmes le matériel le plus léger qui ait jamais été construit pour un chemin de fer, matériel dont le public aujourd'hui ne se contenterait plus, mais qui alors atteignait parfaitement notre but.

La rotonde de locomotives qui, à plusieurs égards, a servi de modèle aux remises du même genre établies depuis lors en France, a aussi été étudiée par Polonceau; c'est également à cette époque qu'il inventa, pour les halles rectangulaires, un nouveau système de combles avec arbalétriers en bois ou fer et tirants en fer, dont il envoya un modèle à l'Exposition de 1837. Ce système est aujourd'hui l'un des plus répandus en France et à l'étranger. Il réunit la simplicité à la solidité, et permet d'établir à peu de frais des charpentes d'une très-grande portée. Il a été employé dans plusieurs de nos grandes gares; M. Flachat, au chemin de l'Ouest, en a fait usage pour l'établissement d'un magnifique comble de 40 mètres de portée. Ce genre de charpente ayant été de nouveau exposé en 1855, le rapporteur du jury en fit le plus grand éloge, et déclara qu'il eût proposé à la commission de décerner une récompense d'un ordre élevé à M. Polonceau, si le règlement ne l'eût mis hors de concours comme membre lui-même de ce jury.

A la tranchée de Clamart, Polonceau nous fut d'un grand secours : nous faisions l'essai, dans cette tranchée, d'une organisation de chantiers toute nouvelle ; plusieurs plans inclinés automoteurs servaient à transporter les déblais, avec une grande rapidité, d'un étage à un autre. Ces appareils se dérangeaient souvent ; les cordes, les poulies, se cassaient, les waggons déraillaient, les échafauds se rompaient sous le poids des waggons, et cinq cents ouvriers étaient exposés à rester des heures·entières inactifs. Polonceau avait remède à tout. Le mal, qui paraissait presque irréparable, était réparé en peu d'instants. Polonceau, à cette époque déjà, dominait les employés, les ouvriers, par son talent autant que par son caractère.

Les travaux ayant été suspendus pendant quelques mois, nous en profitâmes, Polonceau et moi, pour faire un voyage en Angleterre. Nous visitions les fabriques comme il est permis généralement de les visiter, c'est-à-dire en traversant les ateliers *au pas de course;* mais Polonceau saisissait tout ce qu'il y avait d'intéressant avec une rapidité de coup d'œil incroyable, et j'étais émerveillé en le voyant, au sortir de l'atelier, faire un croquis complet de machines que j'avais à peine entrevues.

Le chemin de fer de Versailles terminé, je me retirai, et le conseil confia la direction de l'exploitation à notre jeune collaborateur.

Il remplissait ces nouvelles fonctions depuis un an environ, lorsque les administrateurs du chemin de Versailles (rive gauche) signèrent un traité de fusion avec ceux du chemin de la rive droite. Au même moment, la Compagnie des chemins de fer d'Alsace était en quête d'un directeur. La consommation de combustible sur ce chemin était effrayante, et, le combustible étant fort cher, devenait une lourde charge pour la Compagnie. On tenait donc beaucoup à avoir pour directeur un ingénieur qui réduisît cette consommation. Consulté par le président du conseil, je recommandai Polonceau. Il fut nommé à ce poste élevé malgré sa grande jeunesse.

Le début de notre ami au chemin de Bâle à Strasbourg fut brillant. Les locomotives, si ma mémoire est fidèle, brûlaient alors sur ce chemin 16 kilogrammes de coke par kilomètre parcouru;

la première année, cette consommation fut réduite à 12 kilogrammes; puis, les années suivantes, elle le fut successivement à 10, à 8, et enfin à 5, avec des trains à la vérité très-légers. De 16 à 5, la différence était de 11 kilogrammes. Le kilogramme coûtant 6 centimes, c'était une économie de 66 centimes par kilomètre, soit, sur le parcours total, qui était d'environ 550,000 kilomètres, de 360,000 fr., soit environ 1/4 de la dépense totale de la Compagnie.

Polonceau ne se borna pas à perfectionner les machines, il améliora toutes les branches de l'administration.

Ce fut alors qu'il obtint son premier grade dans l'ordre de la Légion d'honneur, celui de chevalier.

L'Alsace était pour lui un théâtre trop limité. Autorisé par le Comité de direction des chemins de fer de l'Est, je lui proposai d'entreprendre, comme régisseur, la traction du réseau, dont quelques kilomètres seulement étaient alors livrés à l'exploitation. Nous avions déjà, après de nombreuses conférences, arrêté les bases d'un traité, lorsque la Révolution de 1848 éclata.

Dans l'état d'agitation où se trouva alors la France, le conseil d'administration de l'Est ne crut pas devoir donner suite à ce traité, et Polonceau, devenu

libre, écouta les propositions de la Compagnie d'Orléans. Bientôt après, il traitait avec M. Sauvage,
administrateur du séquestre de cette Compagnie.

Dès la première année, il réalisait au profit des
actionnaires une économie de plus de deux millions
sur les frais de la traction. La seconde, la troisième,
la quatrième année, les économies allèrent toujours croissant. Le terme du traité étant arrivé, la
Compagnie s'empressa de le renouveler, et elle n'eut
qu'à s'en louer. Polonceau, qui semblait parvenu à
la limite inférieure de la dépense, la réduisit encore.

Il étudiait son matériel jusque dans les moindres
détails.

Nous sortirions du cadre que nous nous sommes
imposé si nous indiquions les nombreux perfec-
tionnements qu'il a apportés aux machines; on en
trouvera une description complète dans le *Nouveau
Portefeuille de l'Ingénieur* et dans la seconde édi-
tion du *Traité élémentaire des Chemins de fer*.
Qu'il nous suffise de dire que ses machines locomotives et machines outils ont été jugées dignes,
aussi bien que son comble en fer, de la plus haute
récompense par le Jury de la grande Exposition in-
ternationale de 1855.

Aux chemins de l'Est on a adopté comme parfait

le modèle de machines de gares du chemin d'Orléans. Les modèles de machines à marchandises et
de machines de voyageurs, du même chemin, mar-
chant à de moyennes vitesses, sont aussi fort appré-
ciées de la grande majorité des ingénieurs. Le
succès des modèles de machines à grande vitesse
n'a pas été aussi général : les Compagnies du Nord,
de l'Est et de Lyon leur préfèrent le modèle Crampton. Sans prétendre décider la question, nous ferons
observer toutefois qu'en Angleterre, malgré le
mérite incontestable des machines Crampton, on
continue à faire usage, pour les trains express, de
machines qui ont une grande analogie avec celles
de Polonceau.

Au jour de la grande Exposition de 1855, la place
de Polonceau était marquée dans le jury interna-
tional. Il fit partie de la commission des ateliers,
dont la confiance de ses collègues l'éleva au poste
de rapporteur.

Les fatigues de la pratique n'excluaient pas chez
lui l'amour de l'étude. La Société des Ingénieurs
civils et la Conférence des Ingénieurs n'avaient pas
de membre plus assidu.

Rendant hommage à ses lumières et à son dé-
vouement, la Société des Ingénieurs civils lui

avait conféré, en 1856, la Présidence annuelle.

Polonceau a pris part à la rédaction d'ouvrages d'une certaine importance : le *Guide du Mécanicien* et le *Portefeuille de l'Ingénieur*. Il devait enrichir le *Nouveau Portefeuille* d'un chapitre sur le matériel roulant. Il n'a pu rédiger ce chapitre. Les souscripteurs l'apprendront avec regret, mais au moins sommes-nous heureux de pouvoir leur annoncer que nous possédons des notes complètes sur d'importantes expériences qu'il avait faites dans le but d'éclaircir la théorie des chemins de fer, et que ces notes seront publiées.

Tant de travaux de natures diverses méritaient une récompense exceptionnelle. L'Empereur nomma Polonceau officier de la Légion d'honneur à un âge où rarement les industriels obtiennent une distinction aussi élevée.

Un ingénieur est incomplet s'il ne joint à la science et à la pratique l'habileté de l'homme d'affaires et de l'administrateur. Polonceau possédait ces qualités à un degré éminent. Je ne puis mieux faire que de reproduire l'opinion, à cet égard, de M. Revenaz, ancien élève de l'École polytechnique, ancien administrateur des Messageries impériales, administrateur du chemin d'Orléans, chargé de contrôler le service de la traction : « Je n'ai jamais vu, me disait-il il y a quelques jours, de livres mieux tenus que ceux de notre régisseur de la traction, je n'ai jamais connu un homme plus habile en affaires. »

Les qualités du cœur égalaient, chez Polonceau, celles de l'intelligence.

Il savait que, si noblesse oblige, intelligence et fortune obligent aussi. La mission de l'ingénieur placé à la tête d'un nombreux personnel n'était pas, à ses yeux, purement matérielle. Il ne croyait pas avoir rempli complétement son devoir en assurant un salaire raisonnable à ses employés et à ses ouvriers, et il s'était attaché à leur procurer le plus de bien-être moral et physique possible.

Grâce aux belles institutions de prévoyance dont il était l'auteur, le personnel tout entier de la Compagnie d'Orléans, celui de l'exploitation aussi bien que celui de la traction, trouve dans les magasins de la Compagnie les vêtements et les denrées aux prix les plus modérés. Cet avantage est d'autant plus précieux que le commerce, dans les villes de province, affiche de grandes exigences à l'égard des employés et des ouvriers des Compagnies.

A Paris, le réfectoire d'Ivry, fonctionnant depuis le 26 janvier 1857, moralise l'ouvrier en l'éloignant des cabarets et lui donne le goût de la vie de famille, source du plus grand bonheur et des sentiments les plus honorables.

On a aussi constaté que, depuis qu'il est établi, l'état sanitaire des ouvriers, mieux nourris, bien qu'à meilleur marché, s'est sensiblement amélioré.

Rien ne semblait manquer au bonheur de Polonceau lorsqu'il a été si subitement et si inopinément frappé. Il avait perdu fort jeune une première femme qui lui avait laissé un fils. Marié de nouveau il y a six ans environ, il avait rencontré dans la fille de M. Bérenger, président de chambre à la Cour de cassation, une compagne accomplie qui possédait toutes les qualités qui rendent un homme parfaitement heureux sur cette terre, et qui était devenue pour son fils la meilleure des mères. Trois enfants, fruits de cette union, venaient encore en resserrer les liens.

Polonceau était entouré de parents qui lui devaient leur bien-être, et jouissait de l'affection ou de l'estime de tous ceux avec lesquels il était en relation. Il s'était assuré par le travail et par son talent une existence indépendante et s'était créé aux portes de Paris, à Viry-Châtillon, une délicieuse habitation où il se promettait de longs jours de félicité. —

C'est au milieu de toutes ces prospérités que la mort l'a atteint subitement. Triste et terrible exemple de la fragilité des choses humaines !...

Sa veuve n'a pas voulu que sa dépouille mortelle fût transportée à Paris dans un tombeau de famille. Elle a désiré qu'elle reposât à quelques pas de ce beau château où les rêves si doux d'avenir ont fait place au deuil le plus profond.

Les employés, les ouvriers du chemin d'Orléans, venus en foule dire un dernier adieu à celui qui les avait tant aimés, conserveront éternellement le souvenir des paroles touchantes que leur a adressées sur la tombe M. Didion, directeur général du chemin de fer d'Orléans.

« Polonceau, leur a-t-il dit, a rendu des services éminents à la Compagnie d'Orléans. Elle se plaît à le proclamer par mon organe ; mais elle n'oublie pas aussi qu'il a eu pour collaborateurs toute cette nombreuse famille d'employés et d'ouvriers dont je suis entouré. Si le père de famille n'est plus, la famille subsiste ; son esprit planera sur elle ; les traditions qu'il a laissées ne seront pas perdues, et nous nous ferons tous un devoir de compléter son œuvre. »

Sans doute, vous tous, collaborateurs et amis

de Polonceau, qui possédiez sa confiance et qui, mieux que personne, connaissiez sa pensée, vous ferez en sorte qu'elle porte ses fruits; sans doute, vous tous, employés et ouvriers, qui avez été formés sous sa direction, vous aurez toujours ses préceptes et son exemple présents à l'esprit, et, soyez-en persuadés, M. Didion, chez lequel le cœur le plus généreux s'allie à la plus belle des intelligences, en a pris l'engagement, l'Administration du chemin d'Orléans, qui vous a recommandé de marcher sur les traces de votre chef, prouvera aussi, par ses actes, mieux encore que par ses paroles, combien elle a apprécié son œuvre. Elle la continuera, maintiendra et développera ces institutions de prévoyance, qui attestent si bien sa sollicitude pour vous.

AUG. PERDONNET

Professeur à l'École centrale des Arts et Manufactures, administrateur membre du Comité de direction des chemins de fer de l'Est, Président honoraire de la Société des Ingénieurs civils, Président de l'Association Polytechnique pour l'instruction gratuite des ouvriers.

PARIS — IMP. SIMON RAÇON ET COMP., RUE D'ERFURTH, 1.